LA PRESSE

DEVANT

LES CONSEILS DE GUERRE

A L'ILE DE LA RÉUNION

MÉMOIRE A CONSULTER

A L'OCCASION

DE LA POURSUITE POUR DÉLIT DE PRESSE

INTENTÉE A

M. EDOUARD LE ROY

AVOCAT AU BARREAU DE SAINT-DENIS

DEVANT LE 2ᵐᵉ CONSEIL DE GUERRE PERMANENT

SAINT-DENIS

IMPRIMERIE TH. DROUHET Fils

Rue de l'Eglise, 48.

1880

MÉMOIRE A CONSULTER

A L'OCCASION

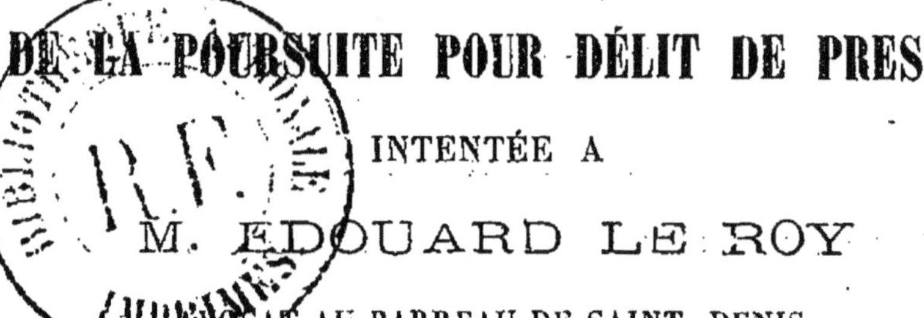

DE LA POURSUITE POUR DÉLIT DE PRESSE

INTENTÉE A

M. EDOUARD LE ROY

AVOCAT AU BARREAU DE SAINT-DENIS

DEVANT LE 2ᵐᵉ CONSEIL DE GUERRE PERMANENT

Hier c'était un journaliste qui était traduit devant la juridiction militaire ;

Aujourd'hui c'est un avocat, membre du Conseil municipal de Saint-Denis, qui va comparaître à son tour devant la même juridiction.

Nous venons de recevoir, en effet, une ordonnance présidentielle signée de M. le commandant Dulieu et portant la date du 18 juin courant, qui nous cite à la barre du 2ᵉ conseil de guerre permanent, à raison de la déclaration par laquelle nous nous sommes loyalement reconnu l'auteur de l'article qui a paru dans le *Nouveau Salazien*, lors de la poursuite dirigée contre l'éditeur-gérant de ce journal.

Nous voilà donc transformé en prévenu, et réduit à nous défendre, nous dont le ministère avait consisté jusqu'ici à défendre et à protéger les autres !

Cette qualité toute nouvelle nous donne du moins le droit de dire tout ce qui nous paraît utile à notre défense : nous n'entendons user de cette prérogative qu'en restant dans les limites de la plus extrême modération et en comprimant les battements de notre cœur.

Cette défense, nous la présentons avec confiance, à nos juges d'abord, au public ensuite :

A nos Juges, car bien qu'ils soient — par un vice de la loi (1) — juges et parties dans leur propre cause, nous ne mettons pas en doute leur impartialité ; bien qu'ils se soient donné la tâche difficile de réprimer

____

(1) Et quelle loi ! Celle qu'on invoque contre nous est la fameuse loi de réaction du 25 mars 1822 qui , par une dérogation excessive aux principes, permet aux tribunaux de se faire justice à eux-mêmes. La magistrature française , nous devons le dire à son honneur, n'a usé que très-rarement de cette faculté exorbitante, qui heurte les idées les plus élémentaires d'équité.

eux-mêmes l'offense dont ils se sont crus atteints, il n'en est pas un, nous en sommes convaincu, qui, au moment de prononcer, ne soit dominé par ce sentiment supérieur de justice et de droiture qui s'impose à la conscience tout homme appelé à statuer sur l'honneur et la liberté de ses semblables.

Au Public, car tout procès de presse relève, dans une certaine mesure, de l'opinion publique ; c'est elle qui juge en dernier ressort et l'écrivain et l'écrit sorti de sa plume. Dans le cas actuel, nous pouvons bien le dire, l'opinion s'est prononcée dès le premier jour avec une force et une évidence irrésistibles. Depuis que cette malheureuse affaire occupe l'attention, nous avons reçu de toutes parts des témoignages et des marque sce sympathie qui compensent largement les tribulations auxquelles nous sommes en butte. Celui qui a pour lui l'estime de ses concitoyens peut faire bon marché de ces ennuis.

Ceci étant dit, nous arrivons à examiner la prévention qui pèse sur nous.

Notre intention n'est pas de nous arrêter aux moyens de pure forme qui pourraient être invoqués à l'encontre de la procédure suivie dans la circonstance. Bien des objections peuvent être soulevées sur ce point : nous les réservons pour plus tard.

Nous avons hâte d'aborder les faits mêmes de la cause ; c'est aux faits seuls que nous demanderons la réfutation de ce double reproche *d'infidélité et de mauvaise foi* d'une part, *d'offense*, de l'autre, qui est adressé au compte-rendu que nous avons fait de l'affaire Bermeilly.

Et, tout d'abord, il nous paraît indispensable de reproduire ici le compte-rendu en question, afin de faciliter l'analyse que nous avons à en faire :

2ᵉ CONSEIL DE GUERRE

Le Conseil de guerre s'est terminé mercredi, à 2 heures du matin, par la condamnation de Verget, Pélissier et Démoulin à 6 mois de prisonnement et du caporal Gardette à un an de la même peine.

Nous nous abstiendrons de tout commentaire sur ce verdict qui, par son caractère anodin et peu en rapport avec la gravité des faits incriminés, a causé un étonnement à peu près général.

Pour arriver à ce résultat, les juges, en tenant compte aux accusés de leurs antécédents qui, nous l'avons dit, étaient excellents, ont admis l'excuse de la provocation, et adopté la version des accusés, qui consistait à dire ceci : S'étant croisés dans la rue de la Bonlangerie avec M. Bermeilly, celui-ci se serait violemment frayé un passage à travers leurs rangs, en portant un coup de canne à Verget ; sur ce, réclamation de Verget, qui, pour toute réponse, reçoit un second coup de canne. C'est alors que Verget aurait dégaîné son sabre et aurait frappé Bermeilly au visage, mais du *plat* de la lame seulement. Ses camarades seraient intervenus en ce moment, et mettant eux aussi l'épée-bayonnette à la main, auraient poursuivi Bermeilly, qui avait pris la fuite, jusqu'à une distance de 25 pas. Mais tous les quatre affirment n'avoir pas porté à Bermeilly un seul coup du *tranchant* de leurs sabres, et encore moins de la *pointe*: aucun d'eux ne l'a frappé pendant qu'il était étendu par terre.

Or, voici ce qui résulte de l'instruction à laquelle il a été procédé et ce que les débats oraux ont pleinement établi :

Verget, celui-là même qui prétend avoir reçu deux coups de bâton, dont l'un asséné, dit-il, avec une force extrême, ne peut faire voir *aucune trace* de lésion, ni contusion, ni ecchymose !

Quant au malheureux Bermeilly, lorsqu'il a été relevé gisant dans son sang, il portait à la tête quatre blessures faites par un instrument *tranchant* ; l'une d'elles intéressait même l'os pariétal, dont un éclis a été retrouvé dans la plaie. Il a fallu une violence extrême pour produire ces lésions et sectionner la peau et le cuir chevelu, car les armes dont se sont servis les militaires n'étaient pas aiguisées. La victime présentait, en outre, au flanc gauche, deux blessures pénétrantes, dont l'une avait une profondeur de *dix* centimètres.

Ces renseignements sont fournis par le Dr Richard, qui a été appelé à donner ses soins au blessé et dont la déposition émouvante a vivement impressionné l'auditoire. L'honorable docteur ajoute que, d'après lui, deux des blessures de la tête ont dû être faites pendant que Bermeilly gisait sur le sol. Cette opinion est corroborée par plusieurs témoins qui affirment avoir vu les militaires continuer à frapper, après que Bermeilly était tombé par terre. Le docteur Richard fait savoir, enfin, que la mort a été le résultat d'une *péritonite par perforation*, occasionnée par la blessure pénétrante de l'abdomen.

Il n'a pas eu de peine à réfuter les assertions de M. l'aide-major Jossic, qui est venu soutenir avec un grand sérieux que le malade aurait succombé, non pas à une péritonite, mais à une..... *syncope!* et qui est allé jusqu'à émettre cette hypothèse que M. Bermeilly avait bien pu se faire à lui-même les blessures constatées, en se précipitant sur les sabres des soldats qui, se tenaient sur la défensive ! ! !

Il convient de rapprocher de ce témoignage de M. l'aide-major celui de l'aide-prévôt de l'artillerie qui, avec non moins de sérieux, n'a pas craint d'affirmer que, suivant lui, M. Bermeilly, avec son seul bâton, était mieux armé que ses 4 adversaires réunis et ayant l'épée nue à la main ! ! ! !

Tout cela serait divertissant, si le sujet n'était si triste !

Disons, en terminant, qu'il n'a nullement été prouvé que M. Bermeilly fût, au moment de la rixe, pris de boisson — ainsi que les accusés ont voulu l'insinuer pour se disculper. Plusieurs témoins honorables, entendus soit à l'audience, soit dans l'instruction, sont venus déclarer, au contaire, que rien dans ni dans son langage, ni dans son attitude, avant comme après l'évément, ne pouvait faire supposer qu'il n'eût pas l'usage complet de ses facultés.

Si les contradictions et les obscurités des témoignages recueillis n'ont pas permis de savoir exactement comment la scène avait pris naissance, Bermeilly, quant à lui, n'a cessé d'affirmer avec énergie, jusqu'à ses derniers moments, qu'il avait été l'objet d'une agression injustifiable : cette affirmation persistante, réitérée en face de la mort, restera comme une suprême protestasion contre le système de défense imaginé par les accutés et accueilli par le Conseil de Guerre !

Il est bon de rapprocher immédiatement de ce document le *procès-verbal de constatation* signé des membres du conseil de guerre, dans lequel se trouve l'énoncé des griefs relevés contre l'article, procès-verbal visé dans l'ordonnance présidentielle sus-mentionnée du 18 juin.

2me CONSEIL DE GUERRE MARITIME PERMANENT

SÉANT A SAINT-DENIS (RÉUNION)

PROCÈS-VERBAL DE CONSTATATION

L'an 1880, le 2 juin,
Nous Président et Juges du 2me Conseil de guerre,
Attendu que dans le n° du samedi 29 mai 1880, ci-joint, le journal le *Nouveau Salazien* a publié un article compte-rendu d'une séance du Conseil de guerre sus dit ainsi conçu : (*Suit la teneur de l'article.*)
Article non signé, dont le ton général est offensant (1)

---

(1) Il y a ici dans le procès-verbal, de même que dans tous les actes subséquents, y compris le jugement rendu contre M. Drouhet fils à la date du 16 du courant, une erreur manifeste de qualification juridique. L'article 7 de la loi du 25 mars 1822 est ainsi conçu :

« L'infidélité et la mauvaise foi dans le compte que rendront les journaux et écrits périodiques des séances des chambres et des audiences des cours et tribunaux seront punies d'une amende de mille francs à six mille francs. En cas de récidive, ou lorsque le compte-rendu pour les membres du Conseil, et dont les termes sont infidèles et semblent faits de mauvaise foi, en ce qui concerne la déposition de M. l'Aide-Major Jossic ; attendu, en effet, que ce témoin n'a pas soutenu comme le dit l'article, que M. Bermeilly a succombé à une syncope, mais que ce même témoin a simplement émis l'opinion que la mort pouvait avoir été occasionnée par une syncope ;

Attendu, en second lieu, que la 2me hypothèse émise par M. l'Aide-Major Jossic a été sensiblement altéréepar l'article du journal, et reproduite de façon à jeter du ridicule sur la déposition du dit témoin ;

Attendu enfin que l'article 16 de la loi du 25 Mars 1822 confère aux Tribunaux le droit de réprimer eux-mêmes l'infidélité, la mauvaise foi et l'injure dans le compte que rendent de leurs audiences les journaux et écrits périodiques.

Par ces motifs :

Ordonnons que, par les ordres du Président, le dit sieur Th. Drouhet fils, rédacteur-gérant du journal le

---

sera OFFENSANT *pour l'une et pour l'autre des chambres, ou pour l'un des pairs et des députés* ou INJURIEUX *pour la cour, le tribunal ou l'un des magistrats, des jurés ou des témoins,* les éditeurs du journal seront, en outre, condamnés à un emprisonnement d'un mois à trois ans..... »

Le législateur distingue donc entre le compte-rendu des séances du Parlement et le compte-rendu des audiences des Tribunaux : le 1er est délictueux lorsqu'il est *offensant* ; le 2e ne l'est que lorsqu'il est *injurieux.* Cette distinction est évidemment intentionnelle, car offense et injure ne sont pas synonymes. L'injure suppose un degré de criminalité de plus que l'offense.

Nous verrons ci-après les conséquences de l'erreur dans laquelle sont tombés les rédacteurs du procès-verbal, en qualifiant notre compte-rendu *d'offensant.*

Nouveau Salazien, soit traduit à la barre du Conseil, pour y être jugé conformément à la loi, sur le fait délictueux ci-dessus spécifié.

Fait, clos et signé à Saint-Denis (Réunion), les jour, mois et an que dessus.

(*Suivent les signatures.*)

Ainsi, 2 délits distincts nous sont imputés :

1° L'*infidélité* et la *mauvaise foi* consisteraient à avoir inexactement reproduit la déposition d'un témoin, — M. l'aide-major Jossic ;

2° L'*offense* envers les membres du Conseil résulterait du ton général de l'article.

Voità tout ce qu'on a trouvé à incriminer, au moment où était prise la résolution de poursuivre le *Nouveau Salazien*.

Il est vrai que, depuis, la prévention s'est légèrement modifiée et étendue ; dans le réquisitoire qu'il a prononcé à l'audience du 16, dans l'affaire Drouhet, M. le commissaire du gouvernement a cru devoir signaler comme délictueux divers autres passages de l'article, qui apparemment n'avaient pas été regardés comme tels par les membres du conseil de guerre, puisqu'il n'en est pas question dans leur procès-verbal.

Nous allons donc passer en revue successivement chacun des passages incriminés et rechercher si la prevention est établie.

I. — « Il (le Dr Richard) n'a pas eu de peine à réfuter les assertions do M. l'aide-major Jossic *qui est venu soutenir avec un grand sérieux que le malade aurait succombé non pas à une péritonite, mais à une .... syncope.* »

Il aurait fallu dire, d'après le procès-verbal cité plus haut, que « *le témoin avait simplement émis l'opinion que la mort pouvait avoir été occasionnée par une syncope.* »

Il faut avouer que si l'inexactitude qui s'est glissée dans notre compte-rendu ne consiste qu'en cela, elle n'est pas bien considérable et qu'il n'y avait pas de quoi crier à l'infidélité, et employer ces gros mots de mauvaise foi, qu'on ne jette pas pour si peu à la tête des gens.

Mais, n'en déplaise aux rédacteurs du procès-verbal, dont les souvenirs sont évidemment en défaut sur ce point, M. l'aide-major Jossic a été très-*affirmatif* dans son dire ; il a *affirmé,* contrairement à l'opinion du Dr Richard, que la mort ne pouvait être attribuée à la péritonite ; que les symptômes et les phénomènes eussent été tout différents de ce qu'ils ont été, si le malade avait succombé à une péritonite ; enfin il a conclu en disant qu'il était porté à admettre que la mort était plutôt le résultat d'une syncope. Il a été si *affirmatif*, que cette opinion a ému le ministère public, qui a fait rappeler aux débats le Dr Richard, et il en est résulté entre les deux médecins une intéressante discussion qui a duré un bon quart d'heure. — Toutes ces particularités, que nous trouvons consignées textuellement sur notre carnet de notes prises à l'audience, peuvent être attestées, non point par un, mais par 10 témoins honorables et notamment par le Dr Richard lui-même qui, ayant lu notre article, nous a déclaré qu'il était d'une exactitude rigoureuse.

Mais, au surplus, que M. Jossic ait formulé sur ce point spécial une opinion affirmative ou qu'il n'ait exprimé qu'une simple possibilité, peu importe, là n'est pas la question : l'essentiel est qu'il ait parlé de la mort *par syncope*, ce qui, de l'aveu de toutes les personnes du métier, était commettre une grossière hérésie, confondre des choses absolument distinctes et présenter comme étant la cause déterminante de la mort un simple phénomène ou accident morbide supposant toujours un mal pré-existant. On peut bien passer *dans* une syncope, lorsque la maladie est arrivée à désorganiser complètement les forces vitales ; mais on ne peut pas dire scientifiquement qu'un malade est mort *d'une syncope*. C'est précisément cette erreur de M. l'aide-major Jossic que nous avons tenu à mettre en lumière, ce qui était à coup sûr notre droit strict, de même que nous avions le droit de ne pas regarder comme sérieuse une pareille opinion.

Il appartient à tout le monde de discuter, de critiquer, de censurer les témoignages qui sont produits en justice, à la condition de se renfermer dans les bornes de la convenance. Ici, nous ne craignons pas de l'affirmer et nous sommes sûrs que toute personne impartiale sera de notre avis : la critique que nous avons faite de la déposition de M. Jossic, malgré sa forme ironique, n'a rien qui puisse être regardé comme répréhensible.

Eh quoi ! tous les jours les autorités les plus considérables de la science sont traitées devant les tribunaux avec la plus entière liberté, et M. l'aide-major Jossic, échapperait à la loi commune ! et il ne serait pas permis de toucher à un tel témoin, sous peine de commettre une irrévérence grave et d'encourir les pénalités du code !

Mais où irions-nous donc avec un pareil système ?

D'ailleurs, les termes de la loi sont formels, le compte-rendu n'est passible des peines portées dans la loi du 25 mars 1822 (art. 7) que lorsqu'il est *injurieux* à l'égard des témoins ou à l'égard des membres du tribunal dont l'audience a été infidèlement rapportée, et nous regardons comme superflu de démontrer que le passage de l'article que nous venons de commenter ne contient, ni de près, ni de loin, rien qui puisse être considéré comme une *injure*.

Les rédacteurs du procès-verbal du 2 juin, que nous avons transcrit ci-dessus, ne s'y sont pas mépris : ils ne relèvent dans l'article aucun délit d'injure à l'adresse des témoins entendus dans l'affaire Bermeilly. Trois des signataires de cette pièce, qui forme à elle seule toute la procédure, ayant depuis quitté la Colonie, on ne peut plus désormais rien y changer ; aucune addition, aucun retranchement n'est possible. C'est dans ce document seul et pas ailleurs que nous devons puiser les termes de la prévention à laquelle nous avons à répondre.

Aussi n'est-ce pas sans quelque surprise que nous avons vu côter, dans l'ordonnance qui nous a été remise au nom de M. le Président du Conseil de guerre, un délit nouveau qui n'est pas indiqué dans le procès-verbal en question : c'est celui d'*offense* (*) envers *différents témoins* qui ne sont même pas nominativement désignés, ce qui nous met, par conséquent, dans l'impossibilité absolue de nous disculper d'un grief qui manque totalement de précision — d'où la conséquence que cette partie de l'ordonnance présidentielle doit être tenue pour nulle et non avenue.

Nous tenions à ne faire cette observation de forme qu'après avoir démontré, comme nous l'avons fait plus haut, qu'au fond le passage critiqué n'est, à aucun point de vue, délictueux, qu'il n'est ni *infidèle*, ni *injurieux* pour le témoin dont la déposition a été reproduite.

(*) Ce n'est pas le délit d'*offense*, mais celui d'*injure* qu'il aurait fallu relever ici encore.

II. — « *Il* (M. Jossic) *est allé jusqu'à é-mettre cette hypothèse que M. Bermeilly avait bien pu se faire à lui-même les blessures constatées, en se précipitant sur les sabres des soldats qui se tenaient sur la défensive !!!* »

Voici ce que le procès-verbal de constatation dit sur cette phrase : « *la 2ᵉ hypothèse émise par M. l'aide-major Jossic a été sensiblement altérée par l'article du journal et reproduite de façon à jeter du ridicule sur la déposition de ce témoin.* »

Rien de plus ; on nous dit bien que cette partie de la déposition a été altérée, mais on omet de nous dire précisément en quoi consiste cette altération — ce qui était absolument indispensable.

Le réquisitoire de M. le commissaire du gouvernement dans l'affaire Drouhet n'a pas davantage précisé ce grief : il n'en a même pas été question à l'audience.

Dans l'impossibilité donc où nous nous trouvons de réfuter un grief insaisissable, et dès lors inexistant, nous ne pouvons que maintenir plus que jamais, comme l'expression de la vérité, le passage rappelé ci-dessus ; oui, nous l'affirmons de nouveau, notes en main, et sans hésiter : M. Jossic a bien dit, de sa bouche, que l'infortuné Bermeilly avait bien pu *s'enferrer* et se faire les blessures constatées en se précipitant sur les sabres des soldats. — Cela a été dit *en propres termes* ; il se peut que M. l'aide-major Jossic regrette aujourd'hui cette partie de sa déposition, de même que la précédente : mais nous n'y pouvons rien, quant à nous. Il nous revient encore en mémoire que le docteur Richard, qui pourra sur ce point confirmer nos souvenirs, a répondu à cette singulière supposition faite par M. l'aide-major « *que dans le champ des hypothèses* on pouvait tout admettre. »

Si donc l'hypothèse émise par M. l'aide-major l'a été dans les termes que nous avons rapportés, comment peut-on dire qu'elle *a été reproduite de façon à jeter du ridicule sur la déposition du dit témoin ?* Si cette hypothèse est ridicule par elle-même, il n'y a pas là de notre faute ; nous n'avons pas dit, quant à nous, un seul mot, nous n'avons pas fait une seule réflexion qui pût ajouter à ce ridicule.

Seraient-ce par hasard les trois points d'exclamation que nous avons placés à la fin de notre phrase qui suffiraient à jeter ce ridicule sur la déposition dont s'agit ? Nous

ne connaissions pas encore aux points d'exclamation cette vertu maligne et surtout dé-
lictueuse.

En tous cas, au siècle dernier, Beaumar-
chais pouvait bien, sans être poursuivi, fla-
geller les témoins produits par ses adversaires et affubler Marin de quatre pages
d'*etcœtera*, après l'avoir traité de fripon !
Il nous sera bien permis, en l'an de grâce
1880, sous la troisième république, de gra-
tifier M. l'aide-major Jossic de trois points
d'exclamation !!!

III. — Enfin le procès-verbal de constatation mentionne le *ton général* de l article
comme *offensant* pour les membres du
Conseil de guerre.

Nous avons déjà fait remarquer combien
cette expression « *offensant* » est inexacte,
s'agissant d'un compte-rendu de débats *ju-
diciaires* et non de débats *parlementaires*.
Nous ne faisons pas ici une pure querelle
de mots. Il est certain, en effet, que le législateur a dû avoir un but lorsque, à une ligne
d'intervalle, il a employé tour à tour le mot
offensant pour qualifier le compte-rendu
délictueux des séances du Parlement et celui
d'*injurieux* pour définir celui des audiences des cours et tribunaux. L'injure, son

nom seul l'indique, comprend quelque chose de plus que l'offense, a plus de gravité que l'offense. L'*offense* peut résulter d'une simple appréciation injuste ou malveillante ; l'*injure* n'existe que lorsque, dans les termes comme dans la pensée, se rencontre une violence, une intention manifestement blessante. L'article 13 de la loi du 17 mai 1819 définit l'injure « *toute expression outrageante, terme de mépris ou d'invective...* » et l'on voit par là quels excès de langage doit présenter un écrit pour mériter cette épithète d'*injurieux*.

Ceci posé, nous pouvons répondre au grief que nous discutons actuellement :

1° Qu'en matière pénale tout étant de droit essentiellement étroit et les définitions comme les qualifications de la loi devant être rigoureusement observées, il n'y a eucun délit dans l'article incriminé, du moment que les rédacteurs du procès-verbal du 2 juin ont déclaré eux-mêmes que le ton général n'en était qu'offensant, et n'ont pas relevé qu'il fût injurieux.

2° Qu'un grief, consistant à dire que le *ton général* d'un article de journal est offensant, manque de la précision nécessaire et que la poursuite qui s'en est suivie est radicalement nulle. Nous sommes ici en matière de délits de presse et conséquement les principes généraux qui régissent cette matière sont ici applicables et doivent être strictement appliqués dans l'intérêt et pour la sauvegarde des droits de la défense. Or, que disent les articles 6 et 7 de la loi du 26 mai 1819, qui règle la procédure à suivre quand il s'agit d'infractions aux lois de la presse ?

Art. 6. La partie publique dans son réquisitoire (il s'agit ici du réquisitoire introductif), si elle poursuit d'office, ou le plaignant dans sa plainte, seront tenus *d'articuler et de qualifier* les provocations, attaques, *offenses*, outrages, faits diffamatoires ou *injures*, à raison desquels la poursuite est intentée, et ce, *à peine de nullité de la poursuite.*

« Art. 7. Immédiatement après avoir reçu le réquisitoire ou la plainte, le juge d'instruction pourra ordonner la saisie des écrits, etc., etc. »

Le bon sens fait toucher du doigt les motifs de cette prescription ; il faut, en effet, que le prévenu, pour se défendre efficacement, sache exactement ce qui lui est reproché. Que voulez-vous qu'il réponde si vous vous

bornez à lui dire : Votre article est délictueux, ou bien il est diffamatoire, ou bien
encore il est injurieux ? — Le prévenu ré-
pondra avec beaucoup de raison : commen-
cez par me dire en quoi mon écrit est délictueux ; signalez-moi les passages où vous
prétendez voir une diffamation ou une injure. Je me disculperai ensuite.

Dans l'espèce, que veut-on que nous ré-
pondions à un reproche qui se tient dans
ce vague désespérant « le ton général de
l'article est offensant pour les membres du
Conseil de guerre » — sans rien préciser,
sans indiquer une phrase, un mot ayant ce
caractère offensant ?

Nul doute donc qu'à ce point de vue la
poursuite dont nous sommes l'objet ne soit
entachée d'une nullité absolue. C'est là un
moyen péremptoire, que nous nous réservons de faire valoir en temps et lieu, et qui
nous dispenserait, au besoin de discuter au
fond un pareil grief.

Mais nous voulons bien pourtant examiner si les diverses appréciations que nous
nous sommes permises, en dehors du récit
des faits, si ces appréciations peuvent recé-
ler l'*offense* dont on parle.

Est-ce que nous avons manqué de res-

pect envers le conseil de guerre , en qualifiant son verdict *d'anodin*? Cette expression peut-elle passer pour *offensante* ou
injurieuse, comme on voudra ? — Il nous
semble que poser la question c'est la ré-
soudre.

Avons-nous offensé ou injurié le Conseil de guerre en disant que ce verdict a
causé *un étonnement à peu près général?*
— Il faut renoncer a tout jamais à tenir
une plume si l'on est exposé à commettre
un délit, en énonçant en termes aussi mo-
dérés un fait notoirement vrai.

Avons-nous offensé ou injurié le Conseil
de guerre, en disant que les juges *ont adopté la version des accusés* , et admis en leur
faveur l'excuse de la provocation ? —
Mais il n'y a là que la constatation d'un
fait matériel, résultant de la teneur même
du jugement rendu dans l'affaire Bermeilly
et nous cherchons vainement ce qu'il peut
y avoir ici d'injurieux ou d'offensant, soit
dans l'idée, soit dans la forme.

Avons-nous enfin outragé le Conseil de
guerre en disant que la déclaration faite
par Bermeilly à son lit de mort *restera comme une suprême protestation contre le
système de défense imaginé par les accu-*

sés et accueilli par le Conseil de guerre?
Est-ce là méconnaître l'autorité de la chose
jugée ? Remarquons d'abord que la protestation dont il est ici parlé n'est dirigée que
contre le *système de défense* des accusés et
nullement contre l'arrêt du Conseil de guerre ; on ajoute, il est vrai, que ce système de
défense a été accueilli par le Conseil de
guerre ; mais c'est là un fait indéniable, et,
à moins que le français ne soit plus le français, nous soutenons qu'il n'existe pas
l'ombre d'une injure ou d'une offense quel-
conque dans la phrase relatée ci-dessus.
Est-ce qu'il ne nous arrive pas tous les
jours de protester contre les décisions de
justice, et parfois dans les termes les plus
vifs ?

Est-ce que tous les jours, soit dans la
presse, soit à la barre, soit même au banc
du ministère public, les jugements et ar-
rêts des tribunaux et des cours ne sont
pas amèrement censurés et critiqués de la
plus dure façon ? Faut-il à la longue série
d'exemples cités par notre confrère Mᵉ Na-
turel, dans son éloquente et habile plai-
doirie pour l'éditeur du *Nouveau Salazien*, faut-il ajouter d'autres exemples non
moins concluants ?

Nous n'en citerons qu'un, qui est resté célèbre ; c'est celui de M. Dupin, procureur général à la cour de cassation, lançant à l'adresse d'une des cours d'appel de France cette parole sanglante : « Désormais les criminels pourront appeler la cour de Douai la *cour d'espoir* ! »

Ce serait mettre en doute l'intelligence de nos lecteurs que d'insister pour montrer qu'aucune des réflexions analysées plus haut (ce sont les seules qui se rencontrent dans notre article) ne présente la moindre analogie avec cette virulente sortie et ne peut même être mise en parallèle avec les appréciations que se permet journellement la presse métropolitaine.

Nous pourrions nous arrêter là, car nous avons parcouru tout le cercle que traçait à notre discussion le procès-verbal de constatation du 2 juin et montré qu'aucun des griefs qu'il énumère n'est justifié ; nous pourrions nous refuser à suivre M. le commissaire du gouvernement dans la voie où il s'est engagé à l'audience du 16 juin, quand il est venu à son tour ajouter son contingent de griefs, absolument nouveaux, à ceux dont il est fait mention dans le procès-verbal. La poursuite n'ayant pas été intentée à la requête du ministère public, mais bien d'office, au nom et par les soins des membres du conseil de guerre, l'organe du parquet n'avait évidemment aucune qualité pour augmenter et aggraver les termes de la prévention, qui demeure immuablement fixée dans le cadre et les limites tracés par les rédacteurs du procès-verbal, organisateurs de la poursuite.

Néanmoins nous n'éprouvons aucun embarras à répondre aux divers griefs soulevés à la dernière heure par le ministère public, car ils ne sont guère plus solides que les premiers.

Nous avons dit dans le compte-rendu que *la victime* (Bermeilly) *présentait au flanc gauche deux blessures pénétrantes, dont l'une avait une profondeur de dix centimètres.* — L'organe du parquet nous fait là-dessus une querelle, parce que le docteur Richard aurait dit non pas 10 centimètres, mais *de 8 à 10 centimètres* ! Il faut convenir qu'il n'y a pas là une bien grave inexactitude ! Nous rougirions d'avoir à discuter plus longtemps de pareilles vétilles.

« *L'honorable docteur ajoute que, d'après lui, 2 des blessures de la tête ont dû*

être faites pendant que M. Bermeilly gi-
sait sur le sol. »

C'est là encore une assertion critiquée comme infidèle par le ministère public, qui prétend que le Dr Richard n'a pas tenu ce langage. Qui donc nous départagera, si ce n'est le Dr Richard lui-même, qui est mieux placé que personne pour savoir exactement ce qu'il a dit ? — Or, le Dr Richard, que nous avons interpellé sur ce point, déclare notre relation *parfaitement exacte,* il a dit à l'audience et il persiste à penser que les 2 blessures en question dénotent, par leur nature et leur direction, qu'elles ont dû être faites pendant que la victime était étendue par terre.

Où donc se trouve l'infidélité ??

« *Cette opinion est corroborée par plusieurs témoins qui affirment avoir vu les
militaires continuer à frapper, après
que Bermeilly était tombé par terre.* »

Ici le ministère public n'a pas pu s'empê-
cher de reconnaître qu'en effet plusieurs témoins, deux au moins, (les nommés Pier-
re Furcy et Viragouvin) ont affirmé avoir vu les militaires porter des coups à Bermeilly, après sa chute. Mais ces témoi-

gnages, dit-on aujourd'hui, ne méritaient pas grande confiance, pour certaines raisons que nous n'avons pas bien saisies. Que nous importe, à nous? L'essentiel, c'est que ces témoignages se soient réellement produits, comme nous l'avons annoncé. Notre compte-rendu est donc, sur ce point, comme sur tous les autres, absolument véridique.

Enfin, le dernier reproche qui nous a été adressé par le ministère public est relatif à ce que uous avons dit de la déposition de l'aide-prévôt de l'artillerie « *qui, avec non moins de sérieux* (que M. Jossic) *n'a pas craint d'affirmer que, suivant lui, M. Bermeilly, avec son seul bâton, était mieux armé que ses 4 adversaires réunis et ayant l'épée nue à la main!!!!* »

Oui ou non cette opinion a-t-elle été exprimée par l'aide-prévôt? Il suffirait de poser la question à tous ceux qui étaient présents pour que la réponse fût unanimement affirmative. Les expressions ne sont peut-être pas textuellement celles employées par le témoin ; mais quant au fond de la pensée, nous en garantissons la fidèle reproduction. L'aide-prévôt a si bien dit que Bermeilly avait l'avantage de la situation sur ses adversaires, que M. le Commissaire du Gouvernement se leva pour faire cette remarque, dictée par le bon sens : « On pourra, si l'on veut, discuter la question de savoir si M. Bermeilly était mieux armé que ses adversaires ; il n'en est pas moins certain, en fait, qu'il ne leur a fait que des contusions *dérisoires*, tandis que, lui, il a été tué. »

Nous faisons appel à la loyauté et aux souvenirs de M. le Commissaire du Gouvernement : n'est-il pas exact qu'il ait fait cette observation, en réponse à la déposition de l'aide-prévôt de l'artillerie ?

Voilà toute la prévention. Nous l'avons examinée dans toutes ses parties, et sur chaque point, nous croyons pouvoir le dire, nous avons opposé une réfutation décisive à chacun des griefs d'infidélité, de mauvaise foi et d'offense.

Infidélité et *mauvaise foi !* Ce sont là des imputations qu'un galant homme ne peut s'entendre adresser, sans bondir d'une légitime indignation. Plus d'une fois nous avons dû faire effort sur nous-même, pour parvenir jusqu'au terme de cette discussion, dont nous aurions pu à la rigueur nous dispenser, car il n'est personne, parmi ceux qui nous connaissent et nous ont vu à l'œuvre tant au barreau que dans la presse, personne qui ait pu nous croire capable de dénaturer, de travestir, de falsifier, de défigurer intentionnellement des faits ou des documents : notre passé, nos habitudes, notre caractère suffisaient, nous osons le dire, pour protester contre une telle incrimination.

La discussion à laquelle nous nous sommes livré est venue, par surcroît, prouver l'inanité de ce reproche; nous croyons pouvoir affirmer qu'il n'en reste désormais rien, rien, absolumeut rien !

Quant au grief d'offense ou d'injure, nous pensons l'avoir également réduit à néant, et nous pouvons attendre avec la plus entière sécurité l'heure de notre comparution devant nos juges et la sentence qu'ils vont rendre.

Cette affaire, sous des apparences modestes et avec des proportions restreintes, soulève des questions d'une exceptionnelle gravité et présente un haut intérêt.

Il y a longtemps qu'on l'a dit : chaque fois qu'un citoyen se trouve atteint dans sa liberté, tous les autres voient par là-même leur sécurité menacée.

Aussi notre intérêt personnel s'efface-t-il dans cette cause devant la grandeur des périls que viendrait à courir la presse coloniale, si le régime qui s'inaugure aujourd'hui contre nous devait prévaloir.

Nos revendications ne se bornent donc pas ici à la défense d'un intérêt purement privé ; ce sont les franchises de la presse, sans acception de personnes, ni d'opinions politiques, que nous voudrions faire triompher : les droits que nous défendons sont ceux de tous, ceux de la libre discussion, de la critique indépendante et honnête, ces nobles prérogatives de la pensée humaine !

Ed. Le Roy

Imp. Th. Drouhet fils, rue de l'Eglise, 48.